LOS ANIMALES NECESITAN COMIDA

Marla Conn y Alma Patricia Ramirez

Glosario de fotografías

 oso

 insecto

 zanahoria

 vaca

 pez

 rana

 fruta

pasto

 **nueces**

 **personas**

 **conejo**

 **ardilla**

Palabras usadas con más frecuencia:

- un
- una
- animales
- comerá
- comida
- vivir
- necesitan
- para

3

Los animales necesitan comida para vivir.

Un **conejo** comerá una **zanahoria**.

Los animales necesitan comida para vivir.

oso

Un **oso** comerá un **pez**.

Los animales necesitan
comida para vivir.

rana

Una **rana** comerá un **insecto**.

insecto

9

Los animales necesitan comida para vivir.

pasto

Una **vaca** comerá **pasto**.

vaca

Los animales necesitan comida para vivir.

nueces

Una **ardilla** comerá **nueces**.

Los animales necesitan comida para vivir.

personas

fruta

Las personas comerán **fruta.**

Actividad

1. Vuelve a leer la historia con un compañero.

2. Habla de los diferentes tipos de comida que comen los animales.

3. ¿Por qué crees que los animales necesitan comer?

> **Lectura en voz alta del maestro:**
> La comida le da nutrientes a tu cuerpo. Los nutrientes nos dan energía para estar activos, crecer y mantener saludable nuestro cuerpo. Necesitamos los nutrientes para respirar, comer, mantenernos calientes y para sanar cuando estamos enfermos.

4. ¿Por qué es importante comer una dieta saludable?

5. Planea un menú saludable para el día. Incluye desayuno, almuerzo, cena y dos refrigerios. ¡No olvides el agua! Comparte tu menú saludable con tus compañeros de clase.